おやゆびたろう

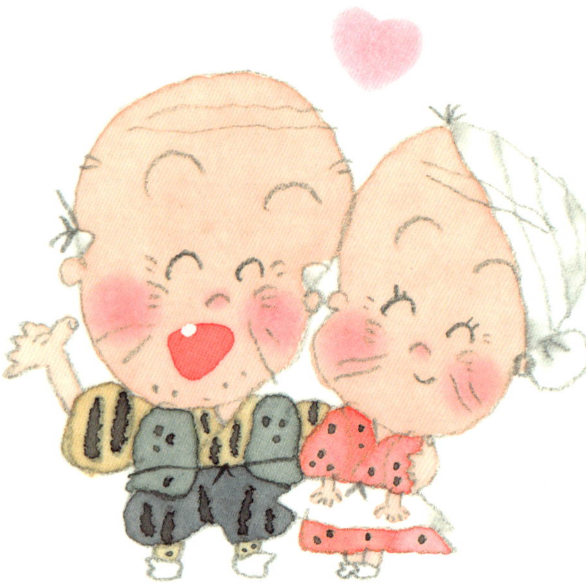

文●水谷章三

むかし　むかし。
ある　ところに、びんぼうだけど
とっても　なかの　いい　じいさまと
ばあさまが　すんで　いました。
ふたりには、こどもが　ありませんでした。
それが　さびしくてね。
「どうか　かみさま、まめつぶみたいに
ちいさくても　いいから、こどもを
ひとり　おさずけ　くだされ」
まいにち　まいにち、かみさまに
おねがいして　いました。

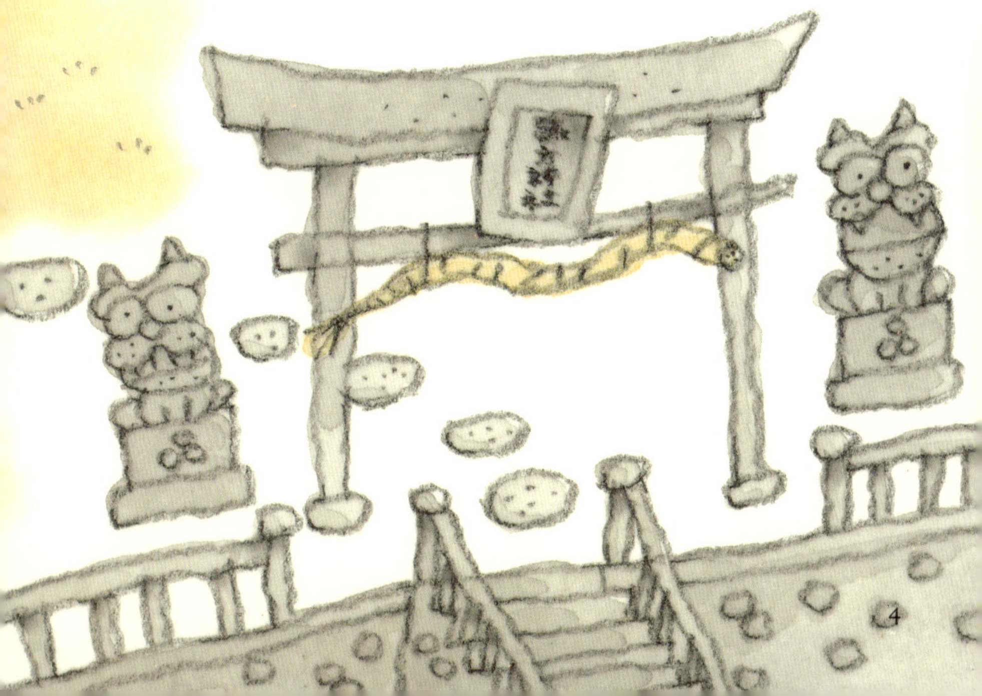

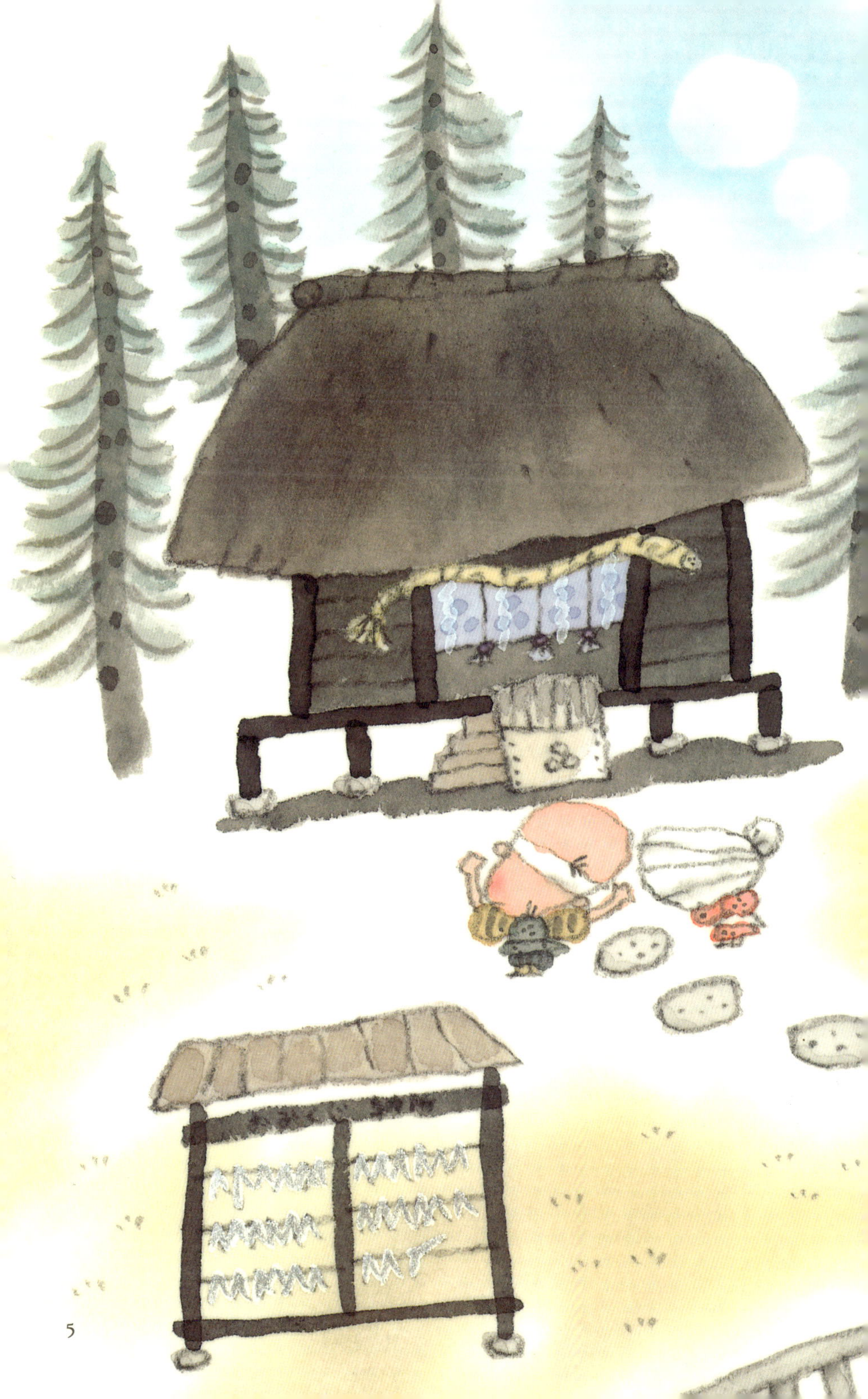

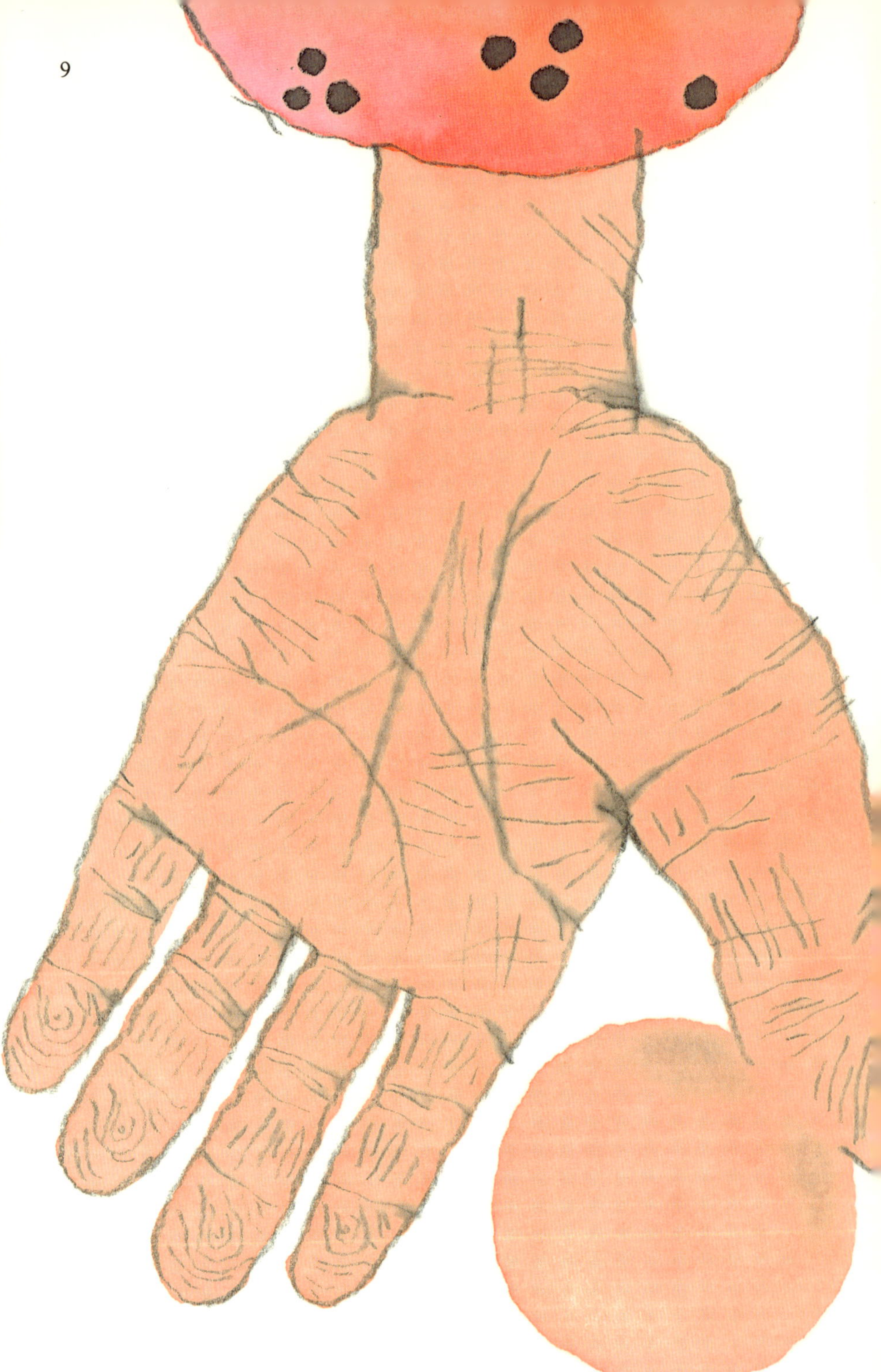

そうしたら、ある　とき、ばあさまの
おやゆびが　ぷくっと　ふくらんでね。
なんと、そこから、ちいさな　ちいさな
おとこのこが　うまれて　きました。

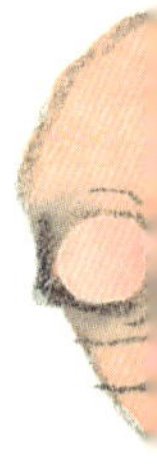

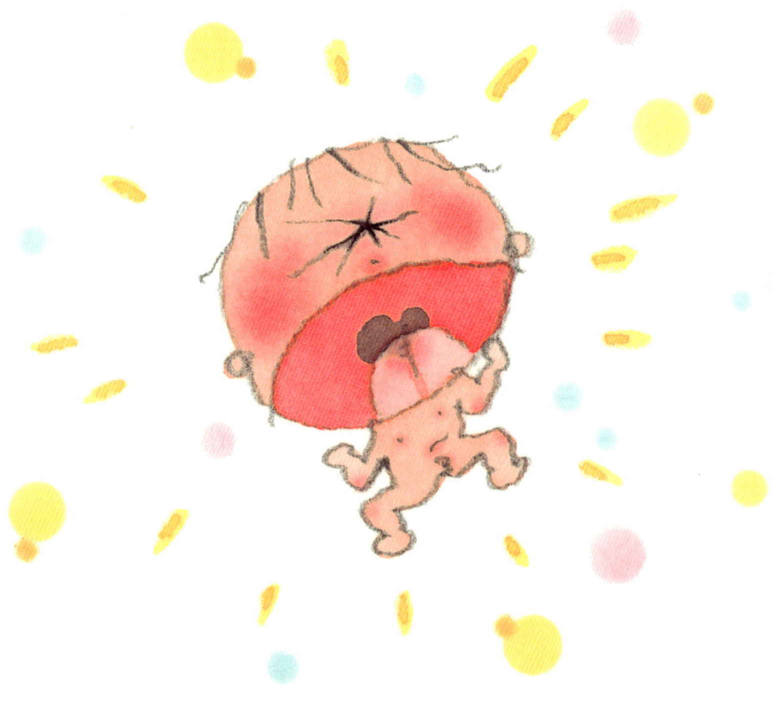

「おお、おお、かわいい　こじゃ」
じいさまと　ばあさまは
おおよろこび。
おやゆびたろうと　なまえを　つけて、
だいじに　そだてました。
ところが、いちねん　たっても、
にねん　たっても、おやゆびたろうは、
おおきく　なりません。
くちも　ききません。
「こりゃあ　まあ、どう　なる　ことやら」

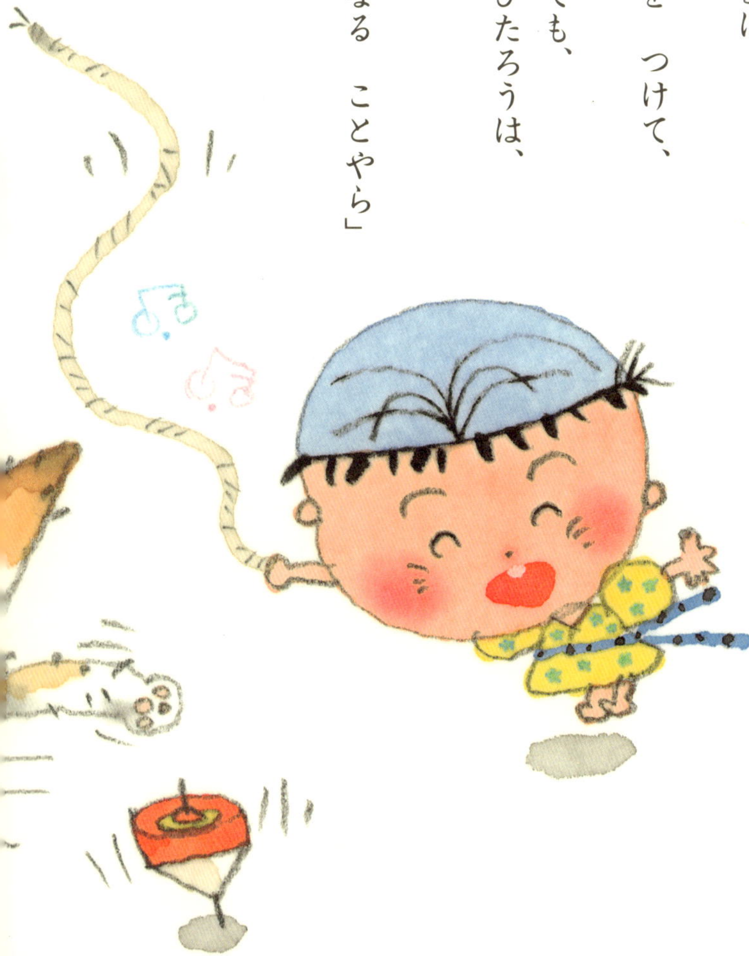

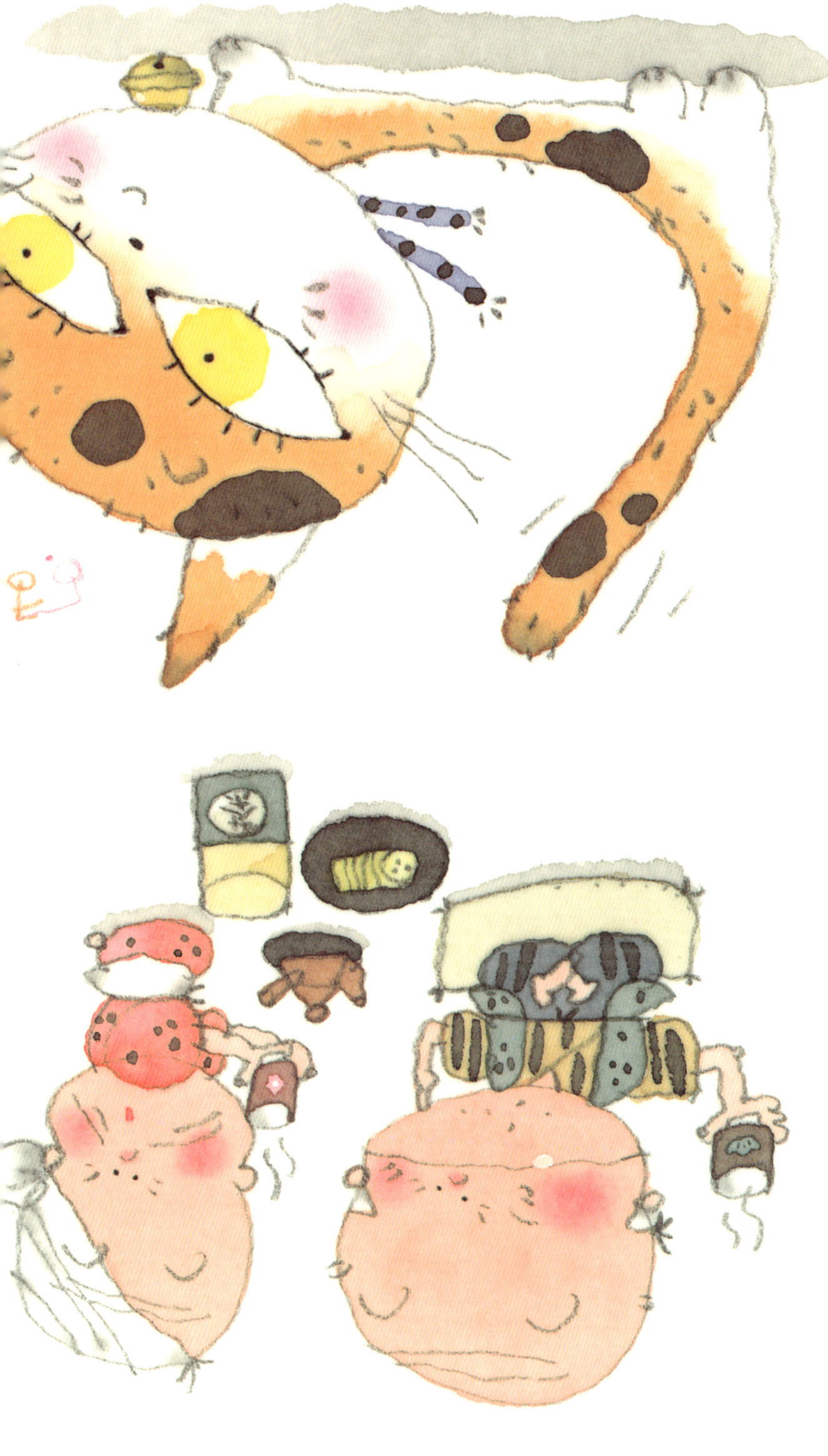

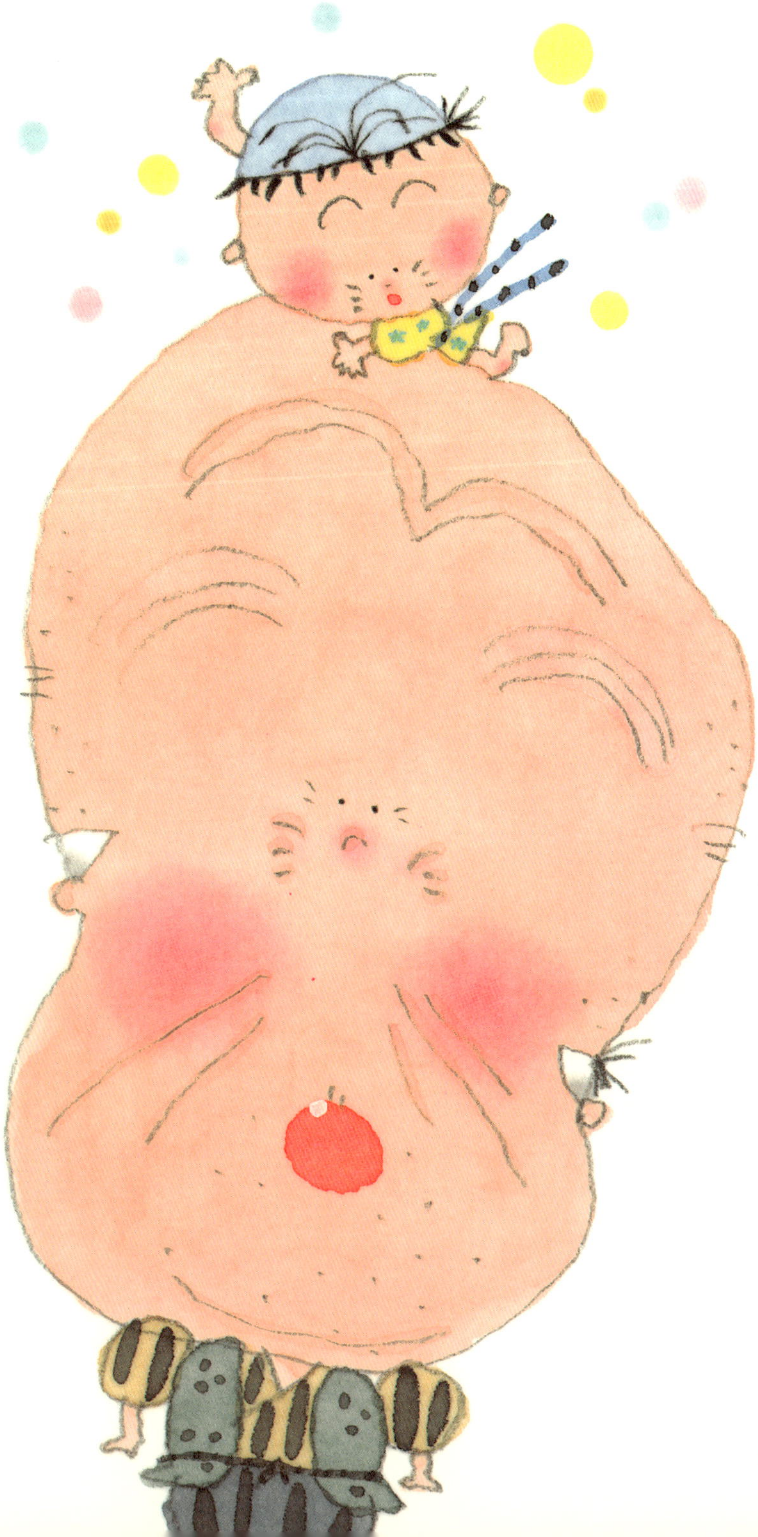

ごねん　たった　ある　ひの
ことです。いきなり、
おやゆびたろうが　くちを
きいたのです。
「おら、じいさまの　てつだいする。
おらを　うまの　みみに　いれて　くれ」
じいさまは、たまげて　めを　しろくろ。
おやゆびたろうは、うまの　みみの　なかで、
めいれいします。
「はい、どう　どう　どう。みぎ。ひだり」

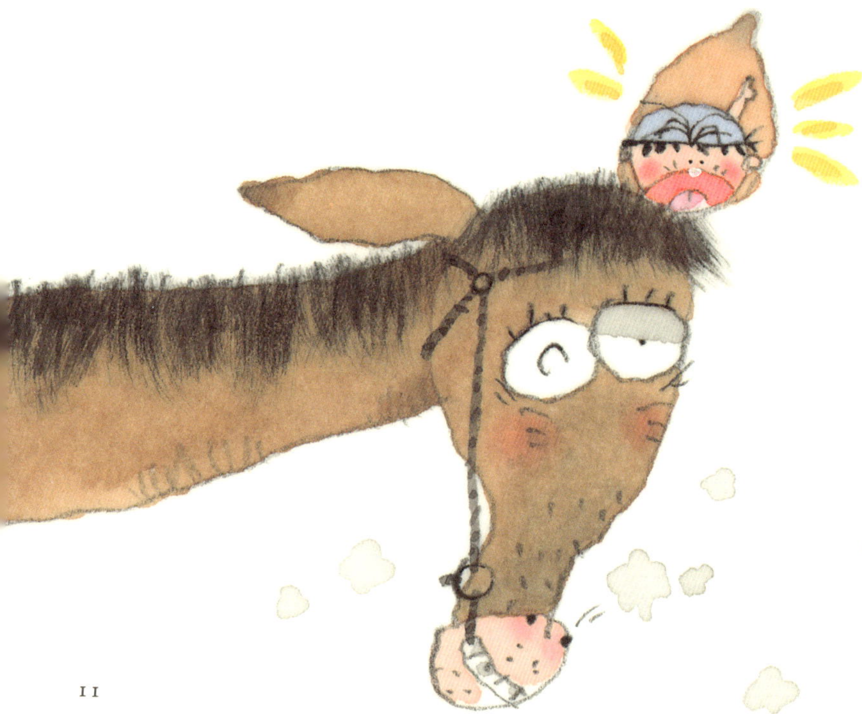

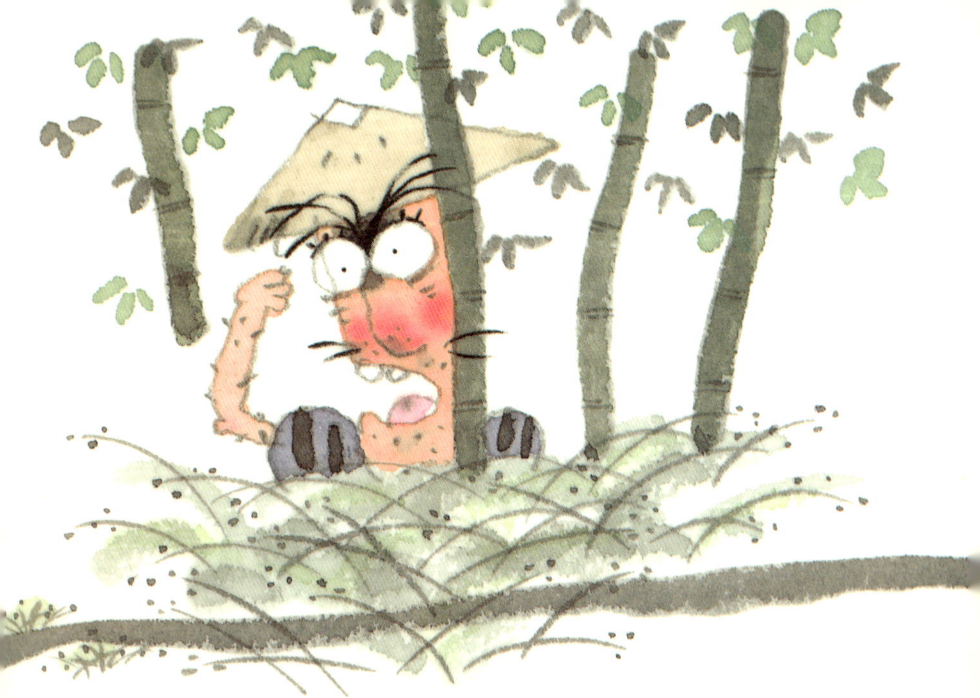

うまは、おやゆびたろうに　いわれる
とおり、とことこ　とことこ。
じいさまは、うまから　はなれて、
うしろから　ぶらぶら　ぶらぶら。
こんな　らくな　ことは　ありません。
その　ようすを、やぶの　かげから
のぞいて　いる　おとこが　いました。
「めずらしい　ちびっこだ。あれを
みせものに　すれば、うんと　かねもうけが
できるに　ちがいない」

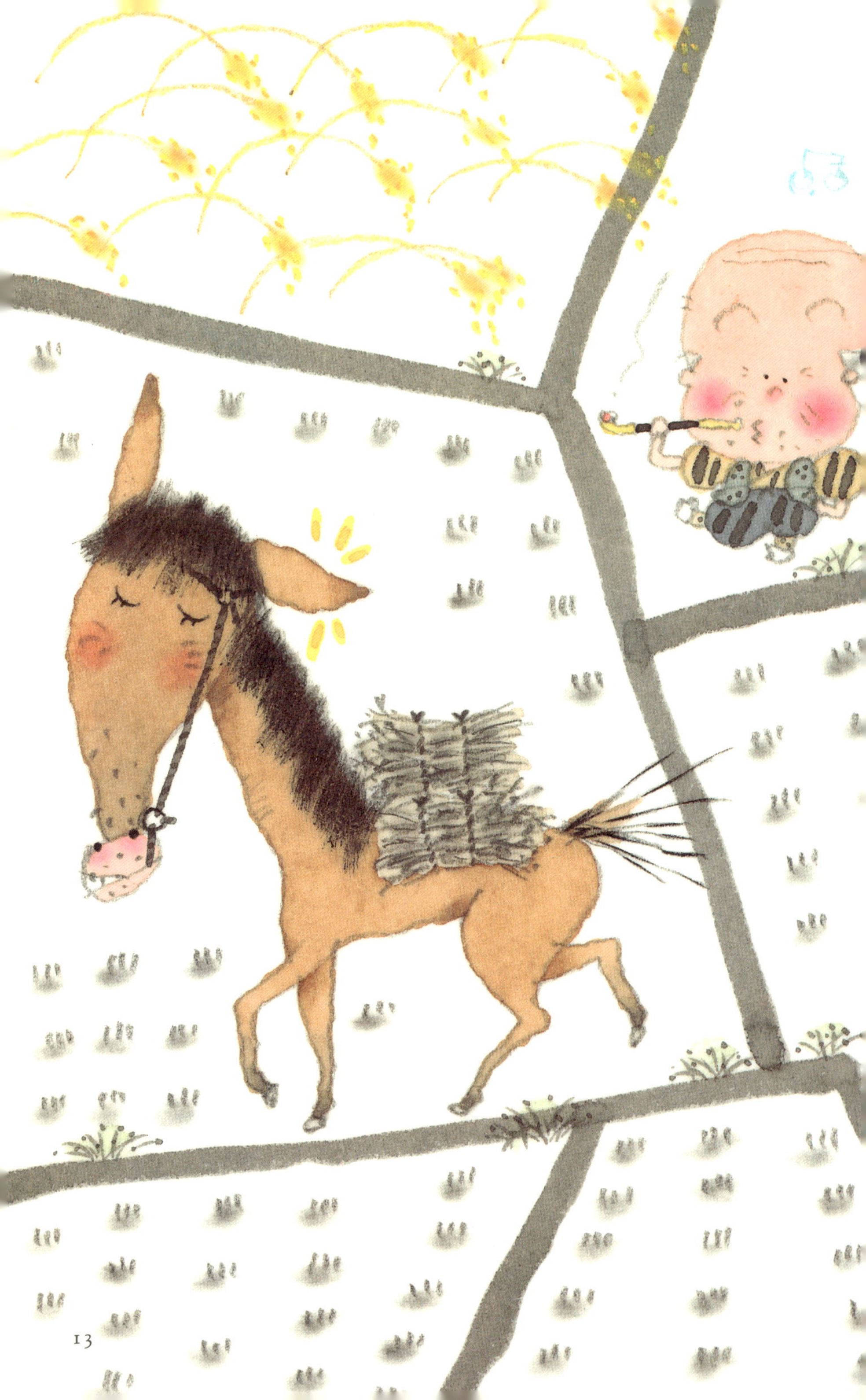

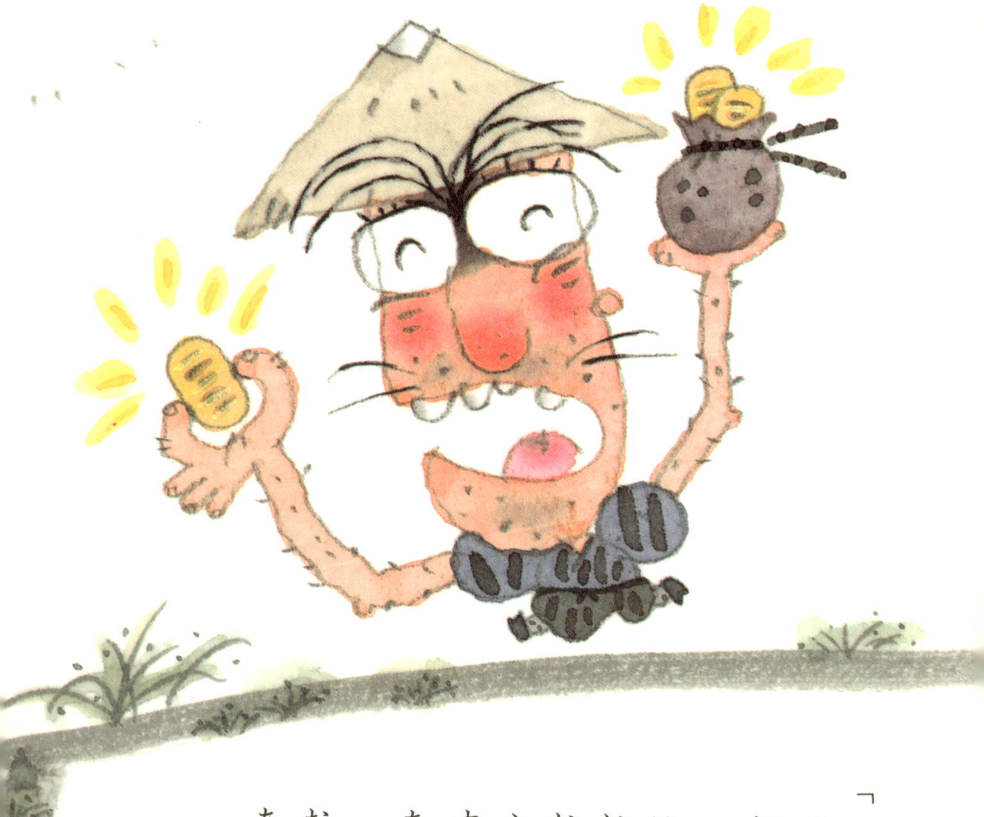

「おい、じいさん。その　ちびっこを
ゆずって　くれや。ひゃくりょう
だすでよ」
「なんちゅう　こと　いうか。
とんでもない」
じいさまは、あわてて
おやゆびたろうを
ふところに　いれました。
すると、おやゆびたろうが、
ちいさな　こえで　いいました。
「じいさま、ひゃくりょうで、
おらを　うれ。いい　かんがえが
あるから、だいじょうぶだ」

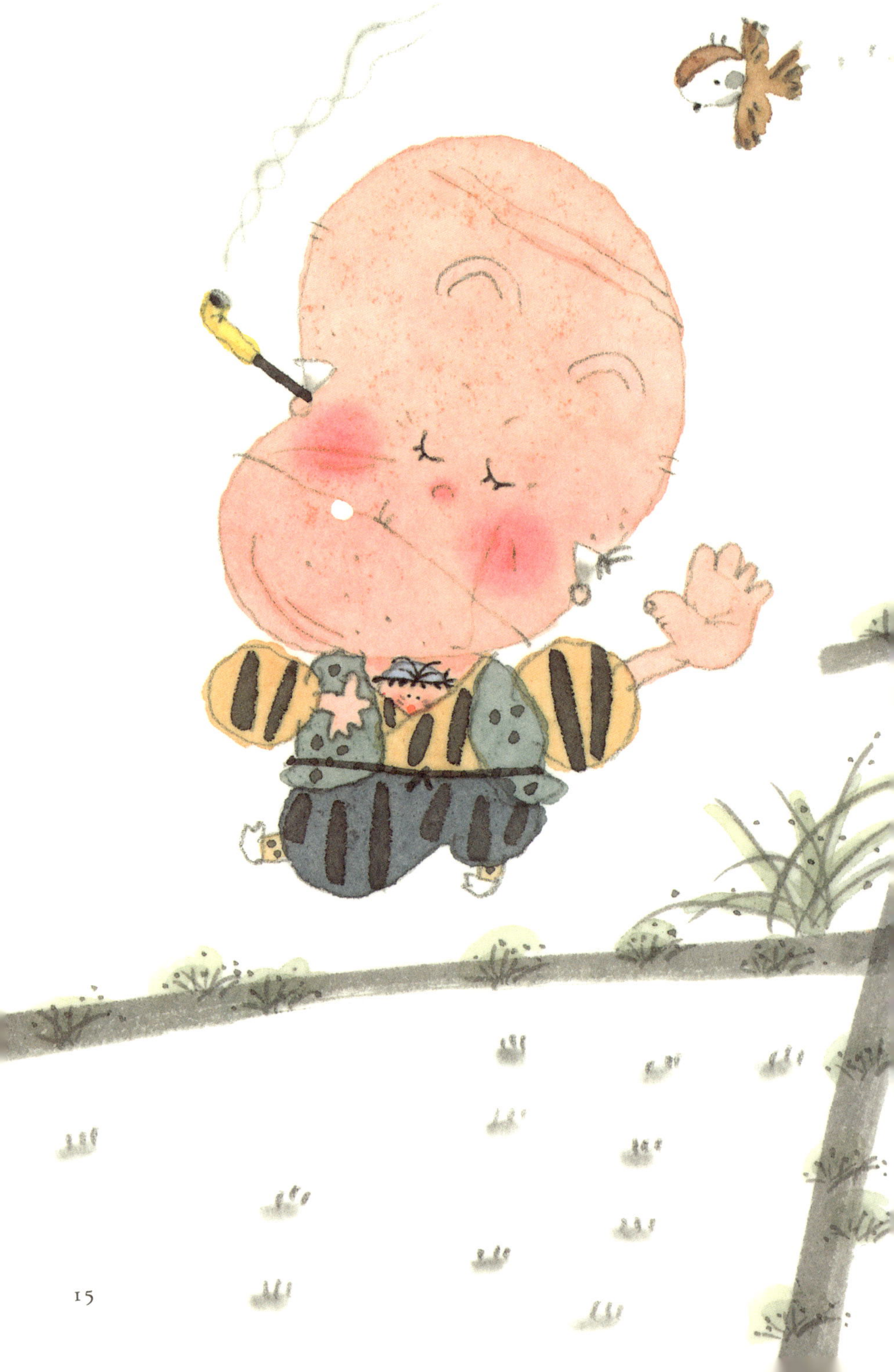

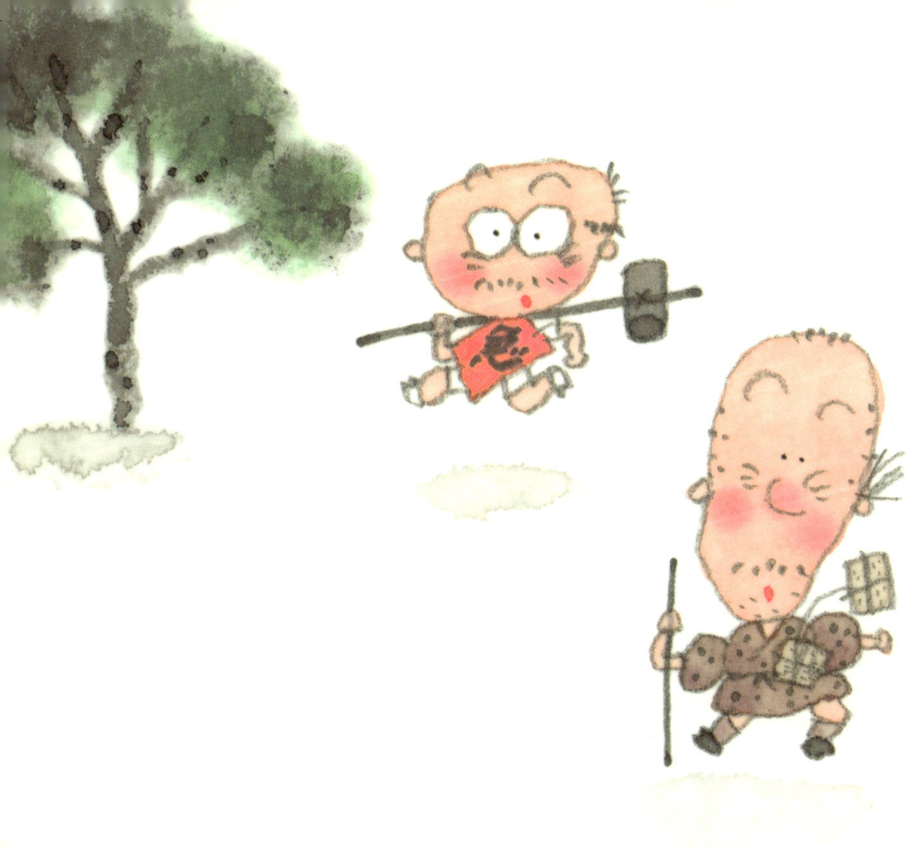

しばらく　いくと、
おとこは、すげがさの
てっぺんに　おやゆびたろうを
のせて、
「さあ、よっといで、
みて　おいで。
よにも　めずらしい
ちびっこだ」
ところが　どっこい。
おやゆびたろうは、
すきを　みて、とびおりて
にげだしました。

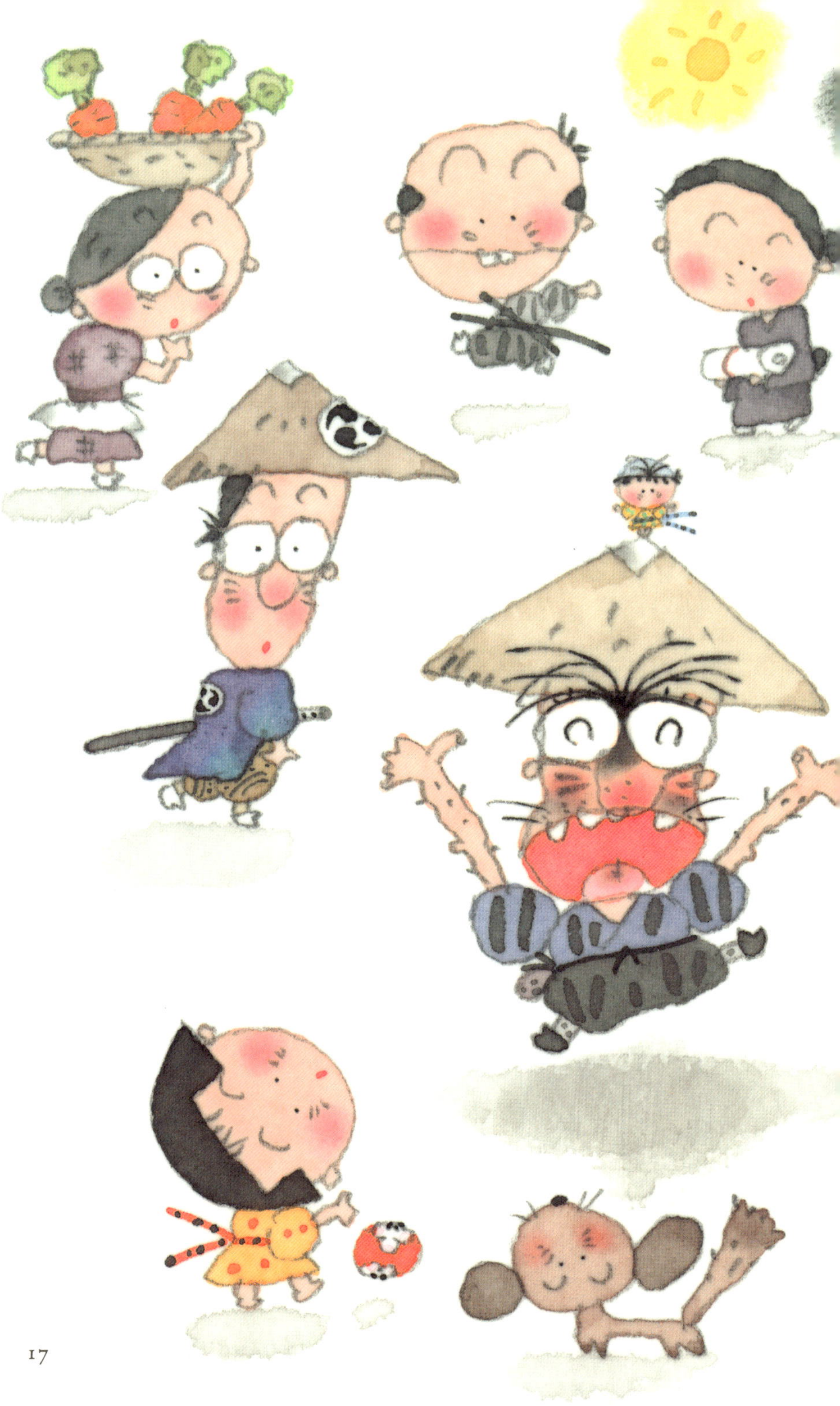

おとこは、きが　ついて、
おおさわぎ。
「ありゃあ、
ひゃくりょうに　にげられた。
どこだ　どこだ。どこだ　どこだ」
あちこち　はいまわって
さがしたけど、とても　とても
みつかる　ものでは
ありませんでした。

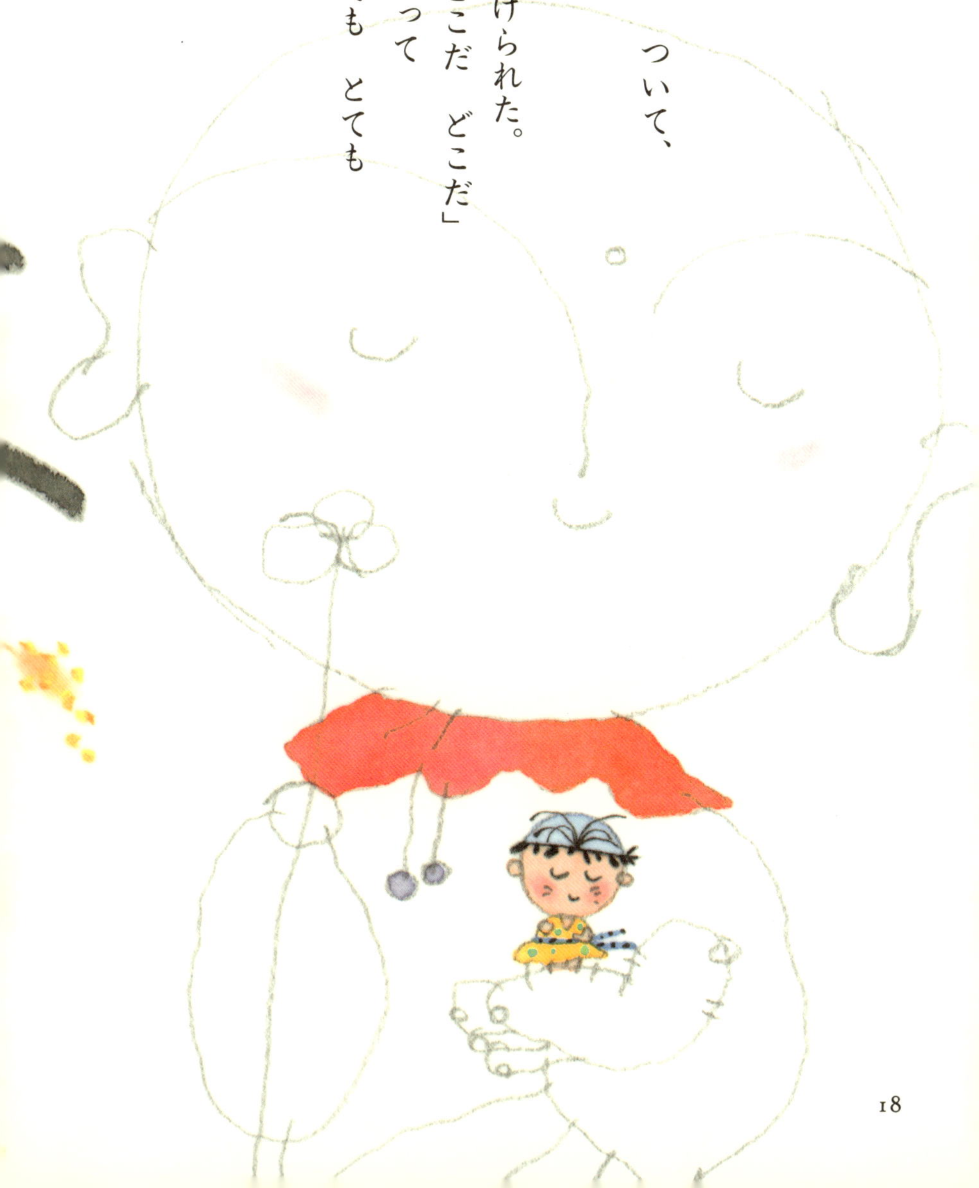

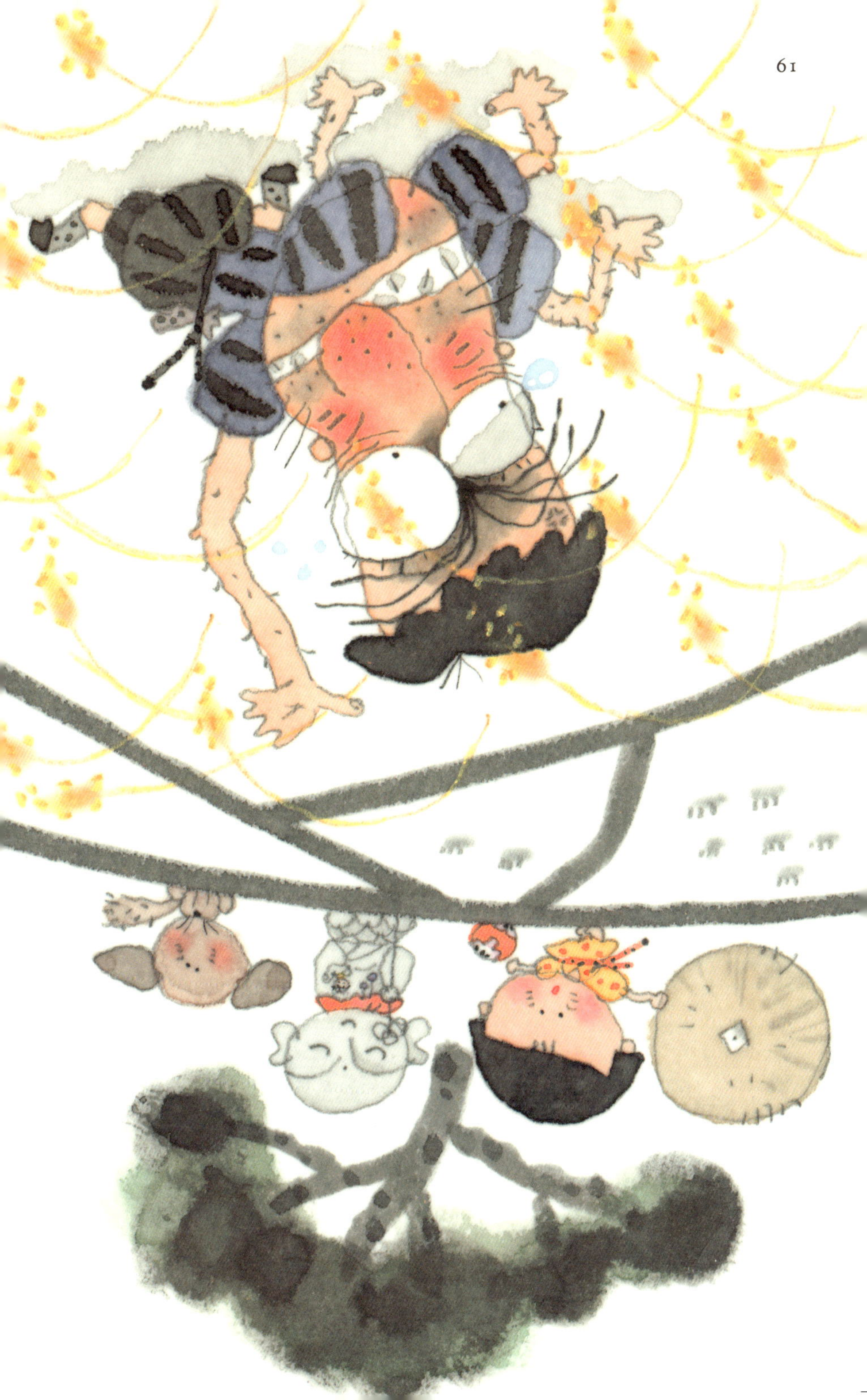

その　よる。
おやゆびたろうは、
かたつむりの　からに
もぐりこんで　ねむりました。

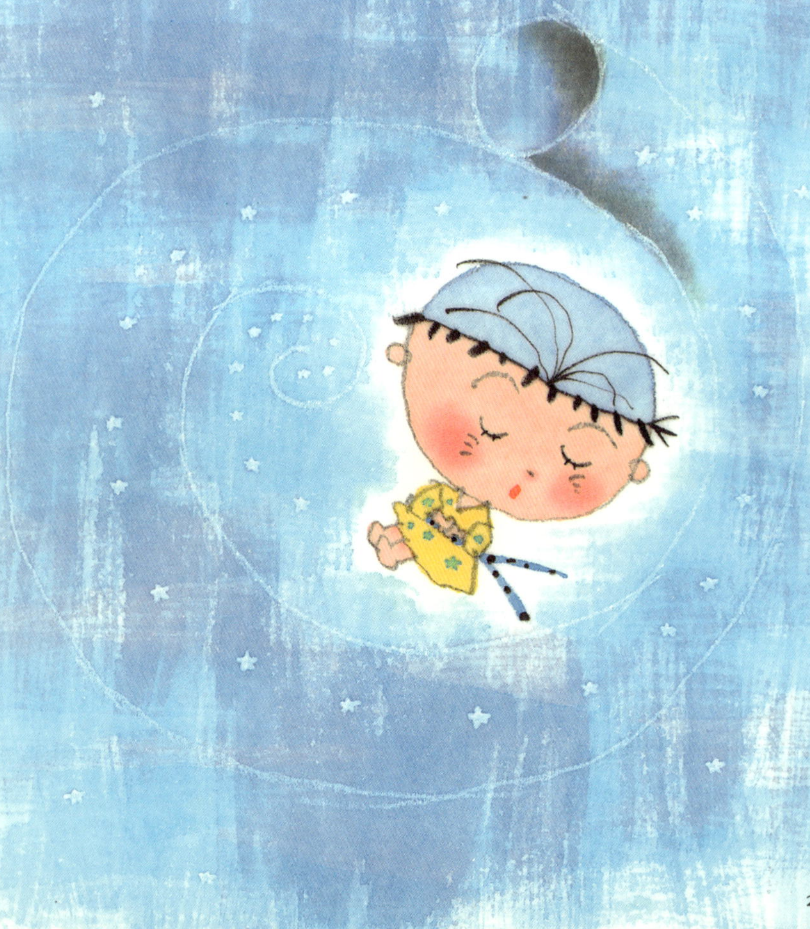

よが　あけると、かたつむりの　からを　でて、
かわぞいの　みちを　とっとこ　はしりました。

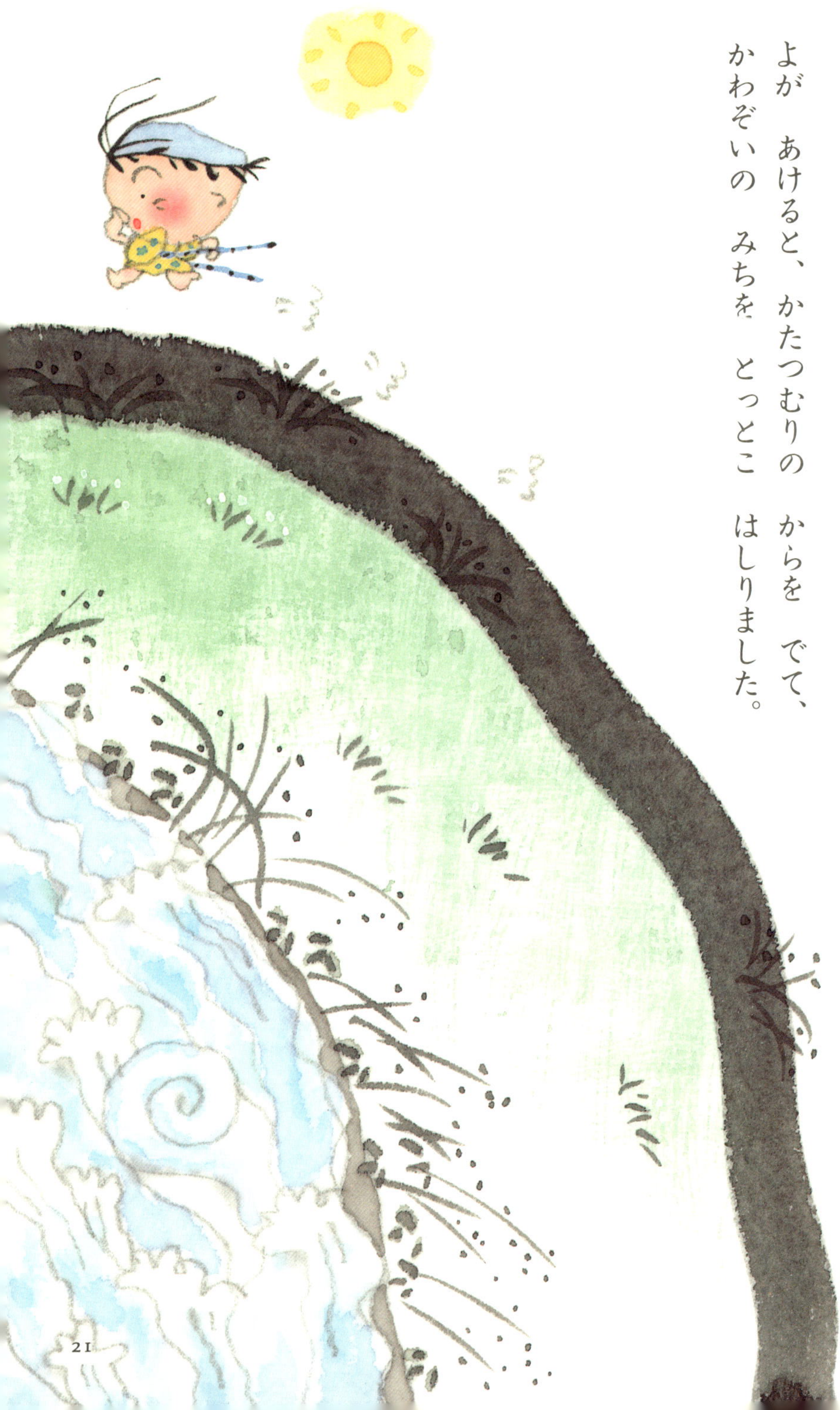

はしって　はしって、
くたびれました。
わらの　やまに　かくれて、
ひとやすみして　いると、
さあっと、
かぜが　ふいて　きて、
「わあい、とばされるうっ」

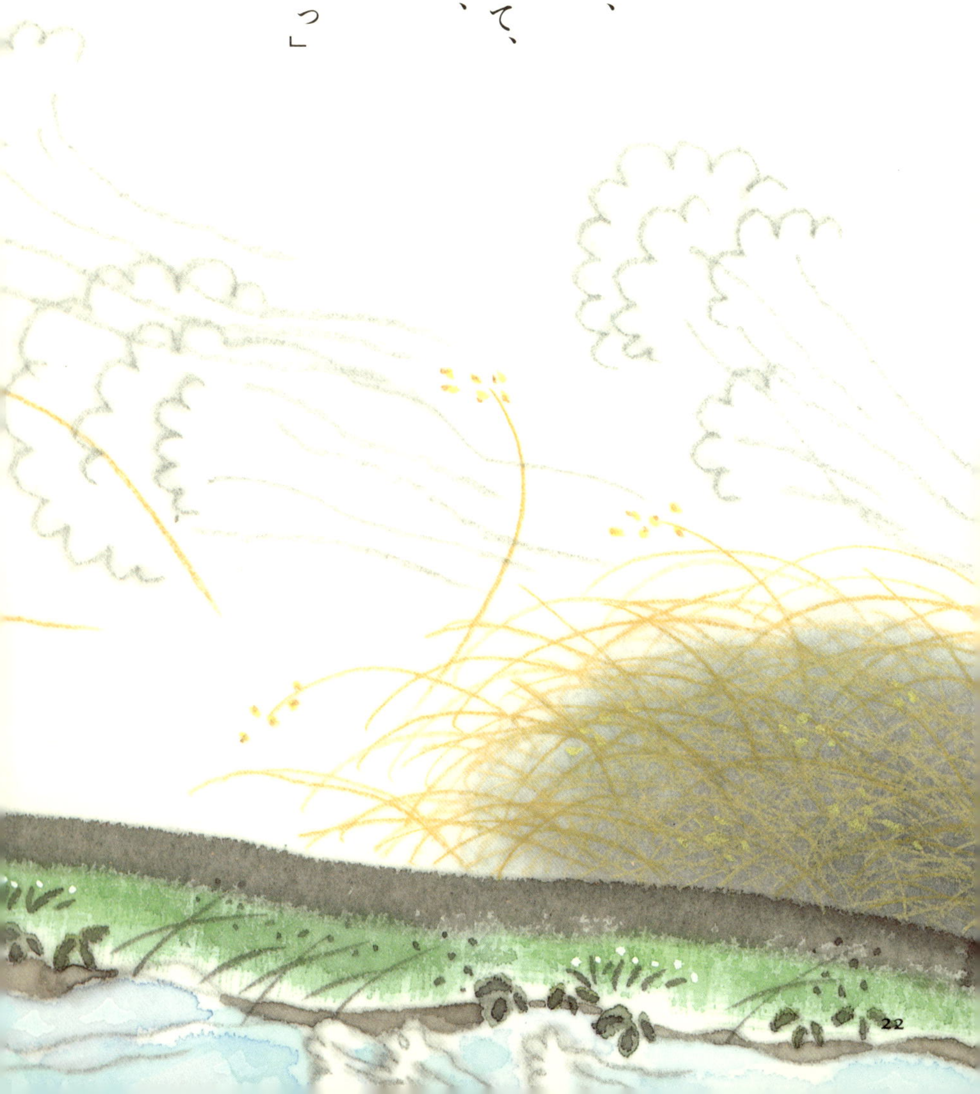

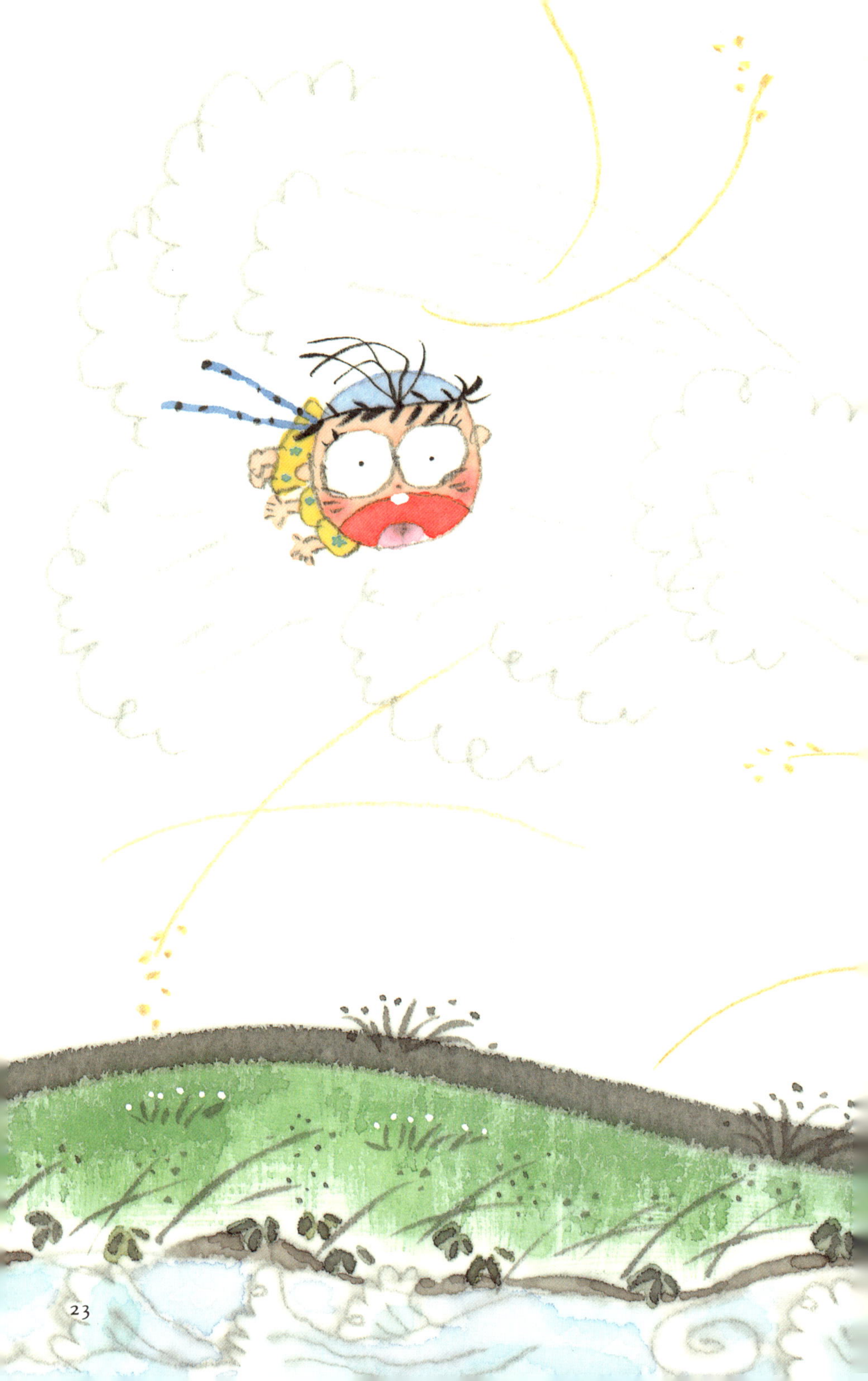

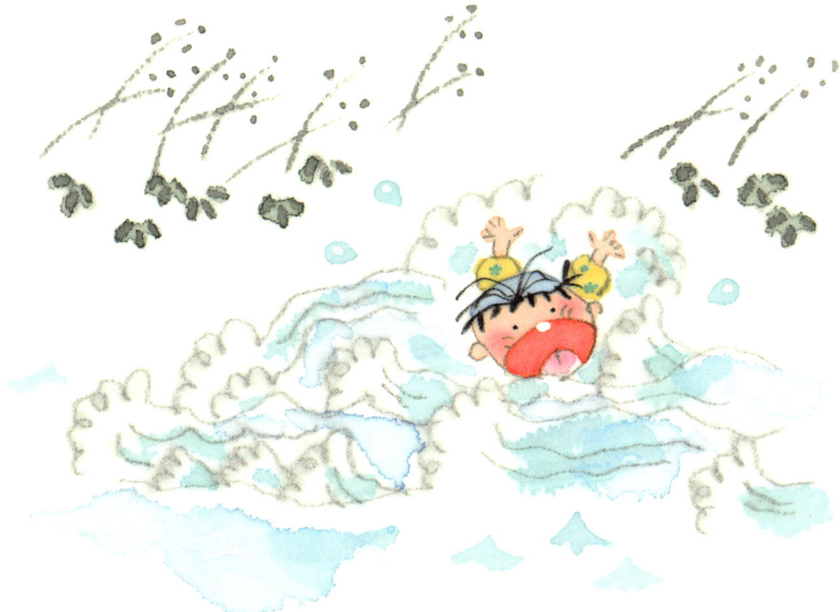

おちた　ところは、　かわの　なかでした。
おやゆびたろうは、　つんぶく　かんぶく
ながれて　いきました。
つんぶく　かんぶく。
つんぶく　かんぶく。
ながれて　いくと、　おおきな　さかなが
あらわれて、　おおきな　くちで　ぱっくんと
おやゆびたろうを　のみこんで　しまいました。

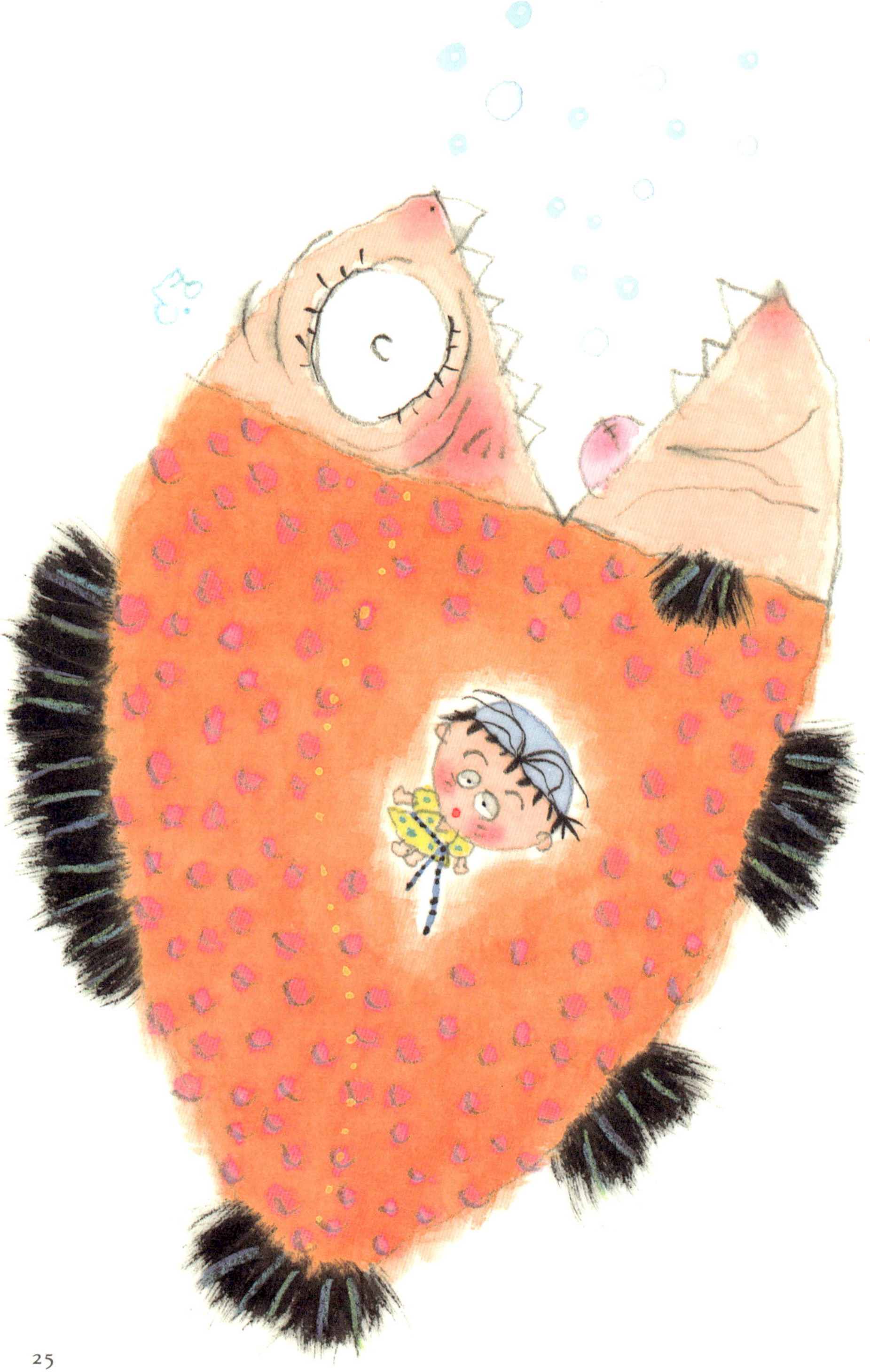

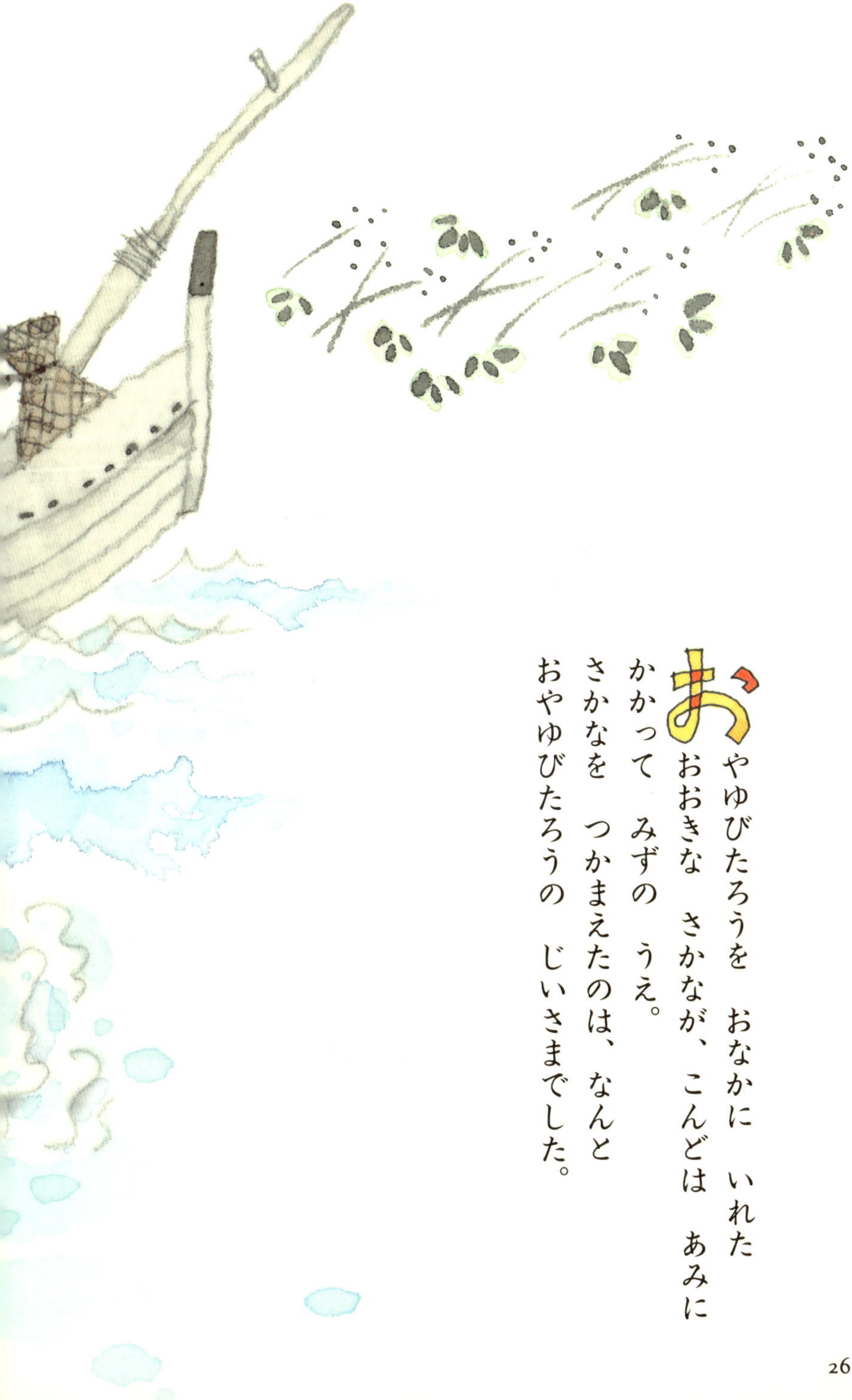

おやゆびたろうを　おなかに　いれた
おおきな　さかなが、こんどは　あみに
かかって　みずの　うえ。
さかなを　つかまえたのは、なんと
おやゆびたろうの　じいさまでした。

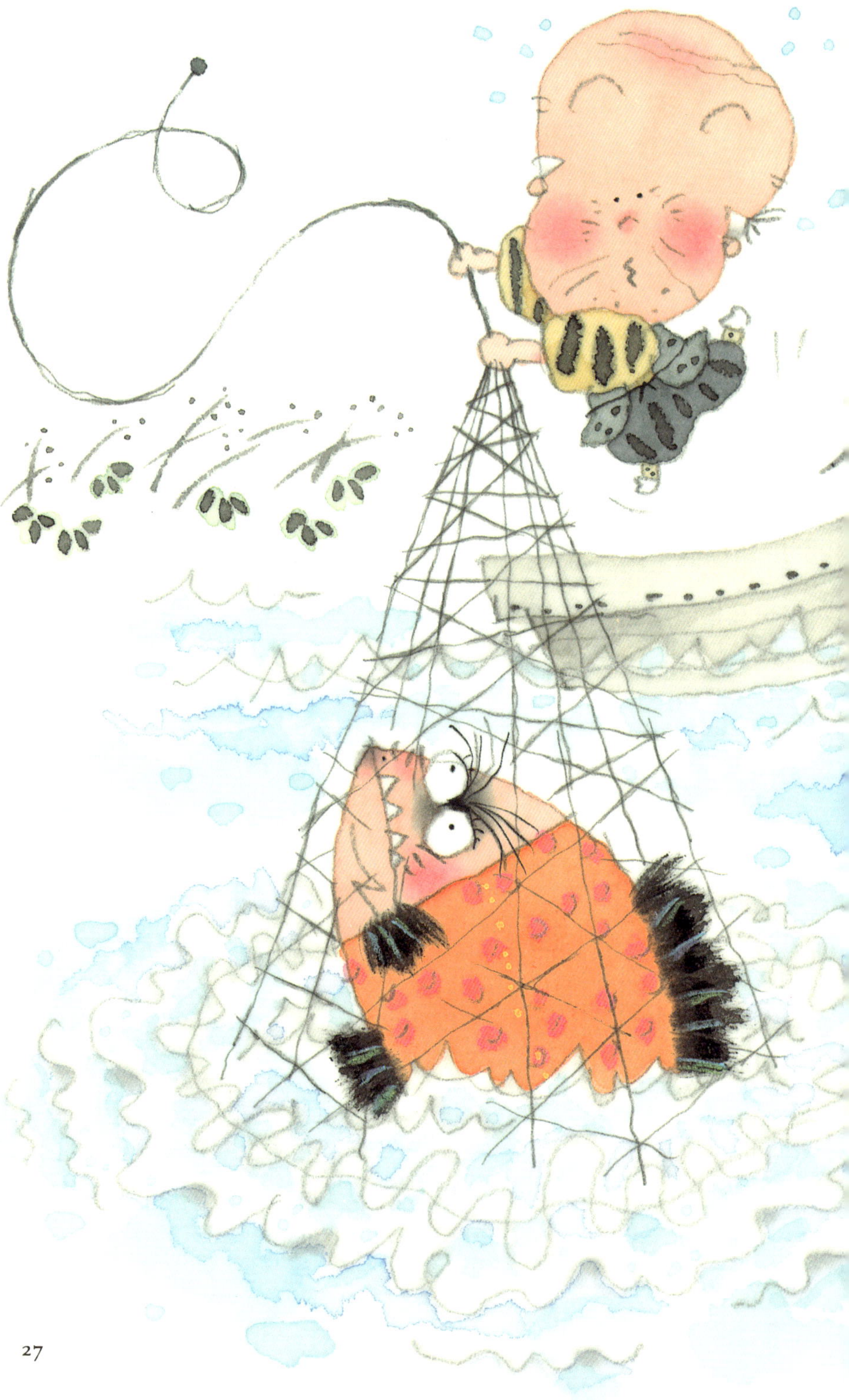

おおきな　さかなの、おおきな　くちから、
おやゆびたろうが　とびだしました。
「じいさま　ばあさま、ただいま」
「やれまあ、たまげた」
「よかった　よかった」
それからは、じいさまと　ばあさまと
おやゆびたろうは、いつまでも　しあわせに
くらしましたと。

おしまい　ちんころりん。

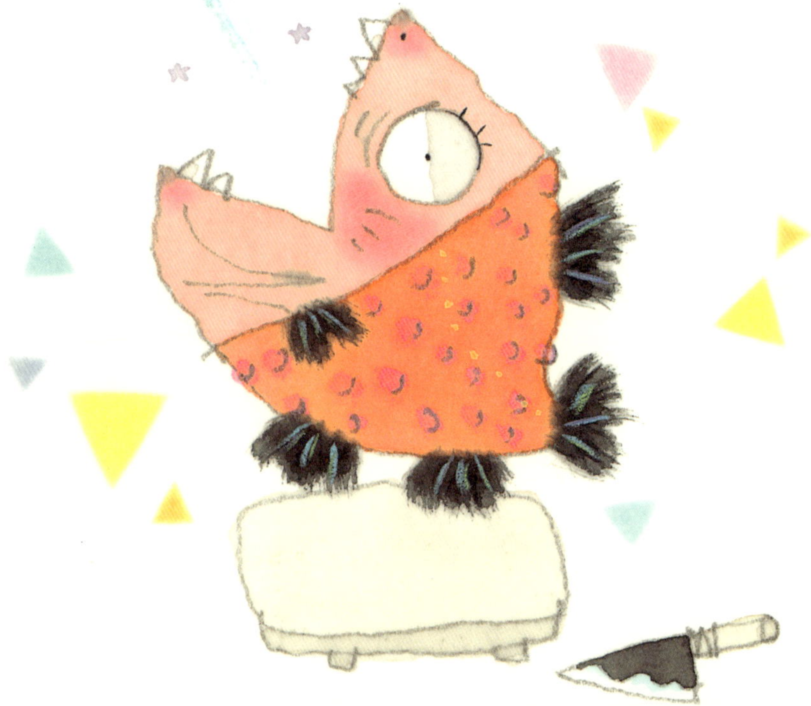

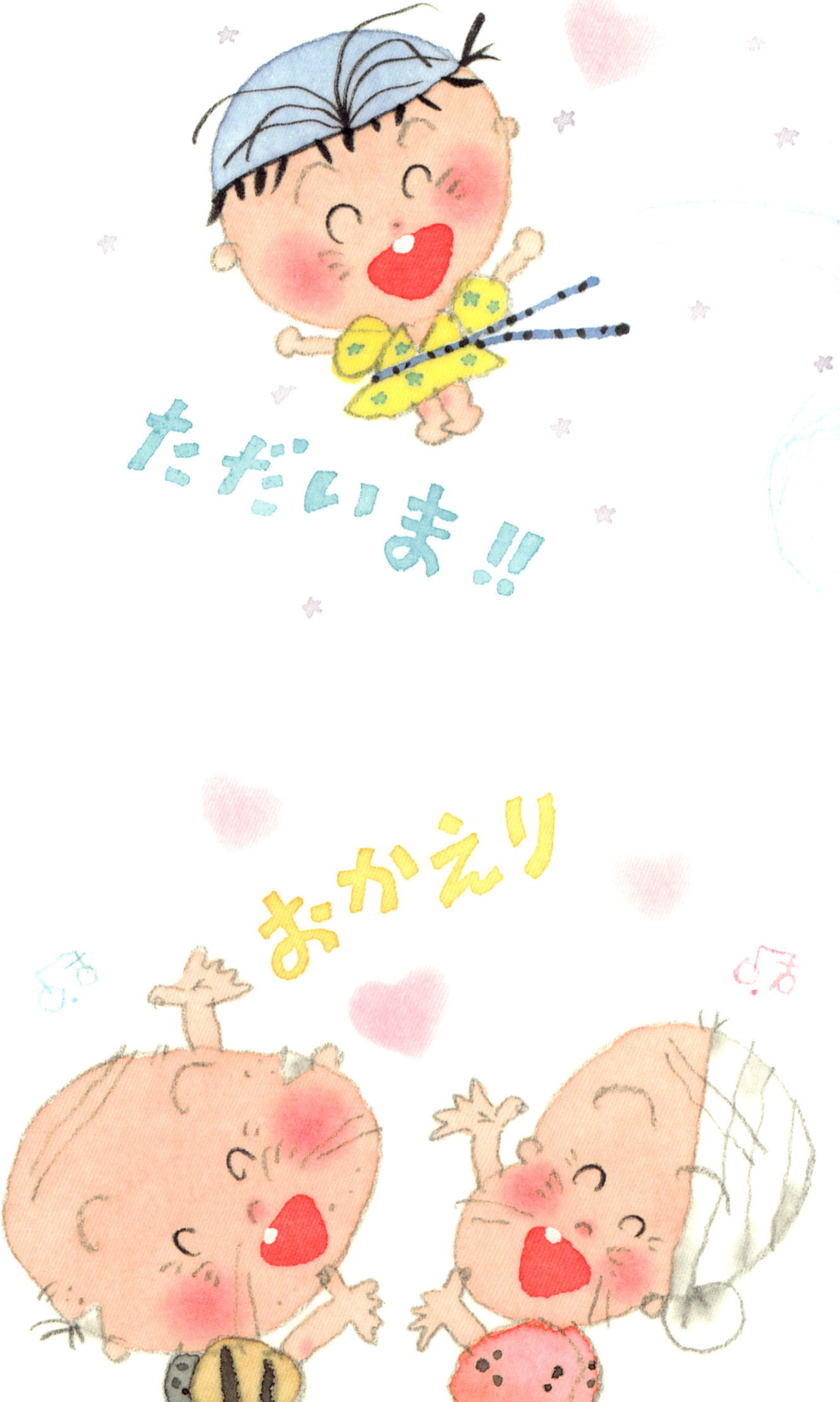
ただいま!!
おかえり

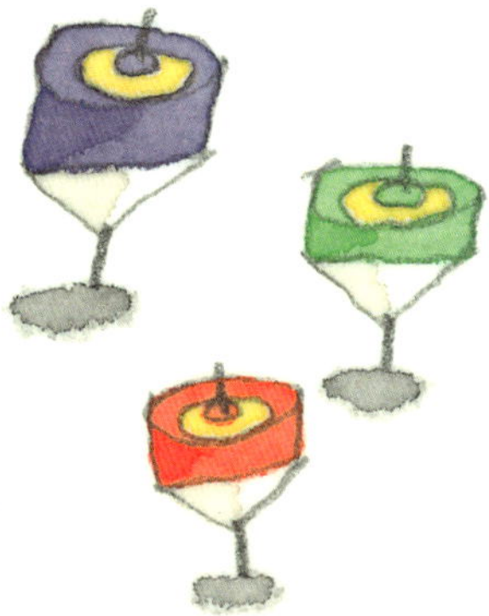

ワンダー民話館
おやゆびたろう

二〇〇五年十一月二十日　初版第一刷発行

文　水谷章三　　絵　長浜　宏

発行人　小林公成
発　行　株式会社世界文化社
　　東京都千代田区九段北四-二-二九
　　〒一〇二-八一八七
　　電話〇三（三二六二）五一一五（販売本部）
　　　　〇三（三二六二）五一二一（編集部）
印　刷　共同印刷株式会社
製　本　株式会社大観社

ISBN4-418-05844-3
紙で手を切ることがあります。
絵本の扱いには十分ご注意ください。